Oráculo Mágico dos
Animais
Sagrados

PAULO RODRIGUES & ANTONIO BRAMBILA

Oráculo Mágico dos
Animais
Sagrados

ALFABETO

Publicado em 2023 pela Editora Alfabeto

Supervisão geral: Edmilson Duran
Revisão: Bruna Gomes Ribeiro
Ilustrações: Paulo Rodrigues
Capa e diagramação: Décio Lopes
Produção Editorial: Rackel Accetti

DADOS INTERNACIONAIS DE CATALOGAÇÃO DA PUBLICAÇÃO

Rodrigues, Paulo / Brambila, Antonio

Oráculo mágico dos animais sagrados/ Paulo Rodrigues e Antonio Brambila – 1ª edição – São Paulo: Editora Alfabeto, 2023.

ISBN 978-85-87905-65-5

1. Oráculo 2. Arte divinatória 3. Animais sagrados I. Título.

Todos os direitos reservados, proibida a reprodução total ou parcial por qualquer meio, inclusive internet, sem a expressa autorização por escrito da Editora Alfabeto.

EDITORA ALFABETO
Rua Protocolo, 394 | CEP 04254-030 | São Paulo/SP
Tel: (11)2351.4168 | E-mail: editorial@editoraalfabeto.com.br
Loja Virtual: www.editoraalfabeto.com.br

SUMÁRIO

Agradecimentos *por Paulo Rodrigues* 7

Agradecimentos *por Antonio Brambila* 9

Introdução: Animais Sagrados 11

  I. O Sagrado Habita em Tudo 13

 II. Rituais com o Oráculo 15

III. Formas de Tiragens 19

IV. Como Honrar os Animais Sagrados 21

    Significados dos Animais Sagrados 23

AGRADECIMENTOS DOS AUTORES
PAULO RODRIGUES

Neste livro e oráculo, compartilho com vocês meu conhecimento e minha experiência com os animais sagrados, uma ferramenta poderosa de autoconhecimento e conexão com as energias da natureza. Este livro é fruto de um trabalho de pesquisa e vivência que realizei ao longo de vários anos, e que me permitiu entrar em contato com os animais de poder, seus significados e suas mensagens.

Quero agradecer ao dom da vida, que me deu a oportunidade de realizar este projeto e de expressar minha essência através da escrita. Agradeço também à parceria com meu amigo Antonio Brambila, que me ajudou na produção desta obra, contribuindo com seu talento, sua escrita e sua amizade.

Agradeço às medicinas da floresta, que me abriram a visão e me proporcionaram experiências profundas com os animais sagrados. Agradeço aos espíritos dos animais, que me ensinaram sobre a sabedoria, a força e a beleza da vida.

Agradeço ao apoio incondicional do meu marido Jefferson, que sempre esteve ao meu lado, dando-me amor e encorajamento. Ele é o meu companheiro de jornada, o meu porto seguro e o meu melhor amigo.

Agradeço à espiritualidade e ao meu caboclo Pena Verde, que me proporcionou tanto conhecimento e que me acompanha em todos os momentos. Ele é o meu guia, meu protetor e meu mestre.

Agradeço também à editora Alfabeto, que acreditou no meu trabalho e pela excelente parceria formada. Eles foram os responsáveis pela publicação e divulgação deste livro, fazendo com que ele chegasse até vocês, leitores. Eles foram profissionais, atenciosos e comprometidos com a qualidade do produto final.

A todos vocês, meu muito obrigado. Espero que este livro possa inspirar vocês a se conectarem com os animais sagrados e a descobrirem o seu próprio oráculo mágico. Que os animais abençoem as suas vidas!

AGRADECIMENTOS DOS AUTORES
ANTONIO BRAMBILA

Compartilho com vocês o meu conhecimento e a minha experiência com os animais sagrados, que são manifestações da energia divina na natureza. Eles me abriram a visão e proporcionaram a expansão da minha mente, ensinando-me sobre as qualidades, os desafios e as lições que cada animal representa.

Quero agradecer ao universo pela oportunidade, pela vida e pela consciência, que me permitiram realizar este projeto e expressar minha essência através da escrita e da arte. Agradeço também à parceria com meu amigo Paulo Rodrigues, que me ajudou na produção desta obra, contribuindo com sua criatividade, seu talento e sua amizade.

Agradeço aos mestres arcturianos, que ampliaram os horizontes do meu pensamento e me auxiliaram nesta trajetória de sabedoria, iluminando o meu caminho com sua luz e amor. Eles foram os meus guias, meus protetores e meus amigos cósmicos.

Agradeço à minha mãe Sandra, que além de me dar a vida, me apoiou incondicionalmente em todos os momentos, dando-me força, coragem e amor. Agradeço também à minha amiga Tatielle Mendes, que me incentivou a nunca desistir dos meus sonhos e projetos, dando-me apoio, conselhos e inspiração.

Agradeço à espiritualidade e aos animais sagrados, que me guiaram nesta jornada de autoconhecimento e conexão com o sagrado. Eles foram meus mestres, meus protetores e meus amigos.

A todos vocês, o meu muito obrigado. Espero que este livro e oráculo possam inspirar vocês a se conectarem com os animais sagrados e a descobrirem o seu próprio poder interior. Que os animais abençoem as suas vidas!

Introdução

Animais Sagrados

Conectando-se
com a Sabedoria Ancestral

Desde os primórdios da humanidade, os animais têm ocupado um lugar especial na mitologia, nas lendas e nas práticas espirituais de diversas culturas ao redor do mundo. Acreditava-se que os animais eram portadores de uma energia única e sagrada, capaz de nos ensinar valiosas lições sobre a vida, o equilíbrio e a conexão com o divino. Esses seres extraordinários, conhecidos como animais de poder ou animais sagrados, possuem uma presença poderosa e simbólica em nosso mundo, oferecendo-nos orientação espiritual e despertando nosso potencial interior.

No livro *Oráculo mágico dos animais sagrados*, iremos embarcar em uma jornada fascinante pelo reino dos animais e explorar a importância de estabelecer uma conexão profunda com esses seres sagrados. Com base nos princípios do xamanismo e nas tradições ancestrais, desvendaremos os mistérios por trás dos animais de poder e como eles podem desempenhar um papel significativo em nossa busca espiritual e autoconhecimento.

Convidamos você a abrir-se para a magia e a sabedoria dos animais sagrados, permitindo que eles se tornem seus guias e aliados espirituais. Embarque nesta jornada de autodescoberta, expandindo sua consciência e conectando-se com a energia e a mensagem dos animais sagrados. Que estes seres sábios nos inspirem a viver em harmonia com a natureza e a despertar o divino que reside em nós.

I
O SAGRADO HABITA EM TUDO

O Oráculo Mágico dos Animais Sagrados é uma ferramenta de autoconhecimento, orientação e inspiração que utiliza a simbologia, a energia e a mensagem dos animais sagrados para nos ajudar em nossa jornada espiritual. Mas será que é preciso seguir uma religião específica para usar este oráculo? A resposta é não.

O sagrado habita tudo. Essa é uma verdade universal que transcende as diferenças religiosas. Todas as religiões reconhecem, de alguma forma, que existe uma força maior que rege o universo, que há uma ordem divina que se manifesta na natureza, que há uma centelha sagrada em cada ser vivo. E os animais são parte dessa manifestação, dessa ordem, dessa centelha.

Os animais sagrados são aqueles que expressam qualidades divinas, que possuem uma conexão especial com o Criador, com a Natureza e com a Humanidade. Eles são símbolos de sabedoria, força, amor, cura e proteção. São mensageiros do divino que nos trazem orientações, conselhos e alertas. São guias espirituais que nos acompanham, apoiam e ensinam.

Seja qual for a sua religião, você pode se beneficiar do Oráculo Mágico dos Animais Sagrados. Ele pode ser usado como forma de se comunicar com o divino, com a sua essência, com o seu propósito. Também pode ser usado como forma de se conectar com os animais sagrados, com a sua energia, com a sua mensagem. Você pode usar este oráculo como forma de se harmonizar com a natureza, com o seu ecossistema, com o seu planeta.

O Oráculo Mágico dos Animais Sagrados é um convite para você explorar o seu mundo interior e exterior, descobrir seus dons e desafios, e expandir sua consciência e sua intuição. É um presente para você se inspirar, se orientar e se transformar.

O sagrado habita tudo. E você também.

II

RITUAIS COM O ORÁCULO

Este ritual é projetado para nos conectar com a energia e a sabedoria dos animais sagrados, permitindo-nos honrar sua presença e receber suas mensagens e orientações. Ele pode ser realizado como uma prática regular para fortalecer nosso vínculo com o reino animal ou como uma cerimônia especial em momentos significativos de nossa jornada espiritual. Sinta-se à vontade para adaptar o ritual de acordo com suas preferências e intuições pessoais.

O que será necessário:

- Um espaço tranquilo e sagrado;
- Uma vela ou incenso para criar uma atmosfera sagrada;
- Uma ou mais cartas do Oráculo Mágico dos Animais Sagrados com os animais a serem chamados;
- Um caderno ou diário para registrar suas experiências e reflexões.

Passo 1: Preparação

Encontre um espaço calmo e tranquilo onde você possa realizar o ritual sem interrupções. Acenda a vela ou incenso para criar uma atmosfera sagrada. Sente-se confortavelmente e respire profundamente algumas vezes, permitindo que sua mente e seu corpo relaxem.

Passo 2: Intenção

Estabeleça sua intenção para o ritual. Você pode afirmar em voz alta ou em silêncio que deseja se conectar com a energia e a sabedoria dos animais sagrados, abrir-se para suas mensagens e orientações, e honrar sua presença em sua vida.

Passo 3: Invocação

Segure a carta do animal sagrado em suas mãos. Feche os olhos e visualize o animal se aproximando de você com graça e sabedoria. Sinta a energia do animal preenchendo o espaço ao seu redor. Em sua mente ou em voz alta, convide o animal sagrado a se juntar a você neste ritual. Diga algo como: "Querido (diga o nome do animal escolhido), eu o convido a compartilhar sua sabedoria e orientação comigo neste momento sagrado. Honro sua presença em minha vida e estou aberto para receber suas mensagens".

Passo 4: Meditação e Comunicação

Permaneça em silêncio por alguns momentos, permitindo-se entrar em um estado meditativo. Visualize-se cercado pela energia do animal sagrado. Observe suas características, movimentos e comportamentos. Sintonize-se com a energia e a mensagem que o animal deseja transmitir a você. Você pode receber imagens, sensações, palavras ou intuições. Esteja aberto para qualquer forma de comunicação.

PASSO 5: REFLEXÃO E REGISTRO

Após a meditação, abra os olhos e pegue o caderno ou diário. Escreva todas as experiências, *insights* ou reflexões que surgiram durante a comunicação com o animal sagrado. Anote qualquer mensagem ou orientação que você tenha recebido. Use este espaço para aprofundar sua compreensão sobre o animal e sua conexão com ele.

PASSO 6: AGRADECIMENTO

Antes de encerrar o ritual, agradeça ao animal sagrado por compartilhar sua sabedoria e orientação com você. Expresse gratidão por sua presença em sua vida e pelo presente que foi recebido. Diga algo como: "Querido animal sagrado, agradeço do fundo do meu coração por sua sabedoria e orientação. Sou grato pela conexão que temos e honro sua presença em minha vida. Que suas mensagens permaneçam comigo e guie o meu caminho".

PASSO 7: ENCERRAMENTO

Apague a vela ou incenso, simbolizando o fim do ritual. Reserve um momento para integrar as experiências e reflexões obtidas durante o ritual. Sinta-se à vontade para repetir este ritual sempre que desejar se conectar com os animais sagrados e receber sua orientação em sua jornada espiritual.

Lembre-se de que a prática de rituais é altamente pessoal e pode ser adaptada de acordo com suas preferências e intuições. Sinta-se à vontade para modificar o ritual ou adicionar outros elementos que ressoem com você. Que esta prática de conexão com os animais sagrados guie você em direção à sabedoria ancestral e à compreensão mais profunda do mundo natural ao nosso redor.

III
Formas de Tiragens

Uma Carta

Esta é a forma mais simples de tiragem, em que você seleciona uma carta aleatoriamente do seu baralho de animais sagrados. Essa carta representa a energia e a mensagem do animal para o momento presente.

Três Cartas
Passado, Presente e Futuro

Nesta tiragem, você seleciona três cartas, representando respectivamente o passado, o presente e o futuro. A primeira carta revela uma influência ou experiência do passado relacionada ao consultante, a segunda carta revela a situação atual e a terceira carta revela uma orientação ou previsão para o futuro.

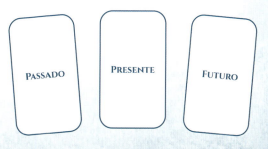

Tiragem da Jornada Espiritual

Nesta tiragem, você seleciona várias cartas que representam diferentes estágios ou aspectos da sua jornada espiritual. Por exemplo, uma carta pode representar o início da jornada, outra pode representar um desafio a ser superado e outra pode representar um presente ou recompensa pelo trabalho interior realizado. Esta tiragem pode ser usada para obter *insights* e orientações em sua evolução espiritual.

Lembre-se de que essas são apenas sugestões e você pode adaptar as tiragens de acordo com sua intuição e preferências pessoais. Explore diferentes formas de tiragem, experimente e descubra qual ressoa melhor com você e seu oráculo de animais sagrados. Que essas tiragens o ajudem a receber mensagens e orientações valiosas dos animais poderosos e sábios que habitam o seu baralho.

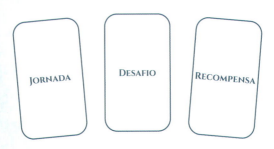

IV

COMO HONRAR OS ANIMAIS SAGRADOS

Para honrar os animais sagrados, é essencial reverenciar e preservar o meio ambiente, a fauna e a flora. Reconhecer a interconexão entre todos os seres vivos e nossa integração em um vasto ecossistema é crucial. Devemos evitar a poluição, o desflorestamento, a caça ilegal, o comércio de animais e a extinção de espécies, assim como outras formas de agressão à natureza. Apoiar iniciativas que promovam a conservação, a educação ambiental, o desenvolvimento sustentável e os direitos dos animais é fundamental.

Ao fazer isso, estamos não apenas honrando os animais sagrados, mas também nos conectando profundamente com eles. Reconhecemos que são nossos consanguíneos, consócios, orientadores, mentores, amigos e aliados. Abrimos nossos corações e mentes para acolher suas mensagens, energias e graças, criando assim uma ponte entre o mundo material e o espiritual, entre o humano e o sagrado.

Honrar os animais sagrados não é apenas um gesto para reconhecer sua importância, mas também uma maneira de conectar-se profundamente com nossa própria essência divina e propósito de vida. Expressamos assim nossa gratidão, admiração e amor por esses seres maravilhosos que nos acompanham na jornada da existência. Essa prática também se torna uma celebração da beleza, da diversidade e da harmonia da criação, permitindo-nos viver em sintonia não apenas com o universo, mas também com nosso propósito maior.

Significados dos Animais Sagrados

1 • ABELHA

Significado: A abelha é um ser sagrado conhecido por sua incrível organização e trabalho árduo em comunidade. Ela simboliza a harmonia e a cooperação, ensinando-nos sobre a importância de viver em sociedade e trabalhar em conjunto para atingir metas comuns. A abelha também representa a doçura e o mel da vida, lembrando-nos de saborear as pequenas alegrias e prazeres que encontramos ao longo do caminho.

Previsão: A presença da abelha em seu caminho indica que você está entrando em uma fase de produtividade e colaboração. Assim como as abelhas trabalham juntas em sua colmeia, você será capaz de alcançar resultados notáveis ao se unir a outras pessoas em projetos e empreendimentos comuns. Este é o momento de compartilhar suas habilidades e seus conhecimentos, aproveitando o poder da sinergia para alcançar metas mais rapidamente. A abelha também traz uma energia de abundância e recompensa pelos seus esforços, portanto, continue trabalhando com dedicação e verá os frutos do seu trabalho.

Questões para Meditar:

- Como posso melhorar minha colaboração e meu trabalho em equipe?
- Quais são os projetos ou metas que posso alcançar mais facilmente com a ajuda de outras pessoas?
- Como posso encontrar a doçura e a alegria nas pequenas coisas da vida?

Palavras-chave: Harmonia, cooperação, produtividade, colaboração, cooperação, doçura, mel, recompensa, abundância, sinergia.

2 · ÁGUIA

Significado: A águia é um símbolo de visão e poder espiritual. Ela representa a conexão entre o céu e a terra, convidando-nos a elevar nossa consciência e enxergar além do mundo material. A águia é conhecida por sua agudeza visual, voando nas alturas e obtendo uma perspectiva ampla. Ela nos ensina a importância de desenvolver nossa visão interior, confiar em nossa intuição e buscar a verdade mais elevada em todas as situações.

Previsão: A presença da águia em sua vida indica que é o momento de elevar-se acima dos desafios e das limitações atuais. Assim como a águia voa nas alturas, você está sendo incentivado a expandir sua visão, enxergar além das circunstâncias imediatas e buscar soluções criativas. A águia traz consigo uma energia de coragem e proteção, fornecendo a clareza necessária para tomar decisões sábias. Este é o momento de confiar em sua intuição e agir com confiança, sabendo que você tem a habilidade de superar qualquer obstáculo em seu caminho.

Questões para Meditar:

- Como posso desenvolver minha visão interior e obter uma perspectiva mais ampla sobre a minha vida?
- Quais são as limitações ou desafios que preciso transcender para alcançar meus objetivos?
- Como posso agir com coragem e confiança em minha jornada pessoal?

Palavras-chave: Visão, poder espiritual, conexão, elevação, intuição, verdade, coragem, proteção, clareza, superação.

3 • ALCE

Significado: O alce é um símbolo de majestade e força. Ele representa a conexão com a natureza e a capacidade de se adaptar às mudanças ao seu redor. O alce nos ensina a importância da resistência e da resiliência, mostrando que podemos enfrentar os desafios da vida com graça e determinação. Além disso, também simboliza fertilidade e abundância, lembrando-nos de nutrir nossos projetos e sonhos para que eles floresçam e prosperem.

Previsão: A presença do alce em sua jornada indica que você está entrando em um período de força e estabilidade. Assim como ele, você tem a capacidade de se adaptar às mudanças e superar os desafios que surgem em seu caminho. Sua resiliência será testada, mas você será capaz de enfrentar qualquer adversidade com graça e coragem. Este é o momento de se concentrar em nutrir seus sonhos e projetos, criando uma base sólida para o crescimento e a prosperidade futura.

Questões para Meditar:

- Como posso me adaptar melhor às mudanças em minha vida?
- Quais são os desafios atuais que exigem minha força e resiliência?
- Como posso nutrir meus projetos e sonhos para que eles floresçam e tragam abundância?

Palavras-chave: Majestade, resistência, resiliência, fertilidade, adaptabilidade, força, abundância, crescimento, prosperidade.

4 • ALIGÁTOR

Significado: O aligátor é um símbolo de poder primal e instintos básicos. Ele representa a conexão com nossos instintos mais profundos e nos lembra da importância de honrar nossa natureza selvagem. O aligátor é conhecido por sua tenacidade e paciência, ensinando-nos a esperar o momento certo para agir e a enfrentar os desafios com determinação. Ele simboliza a sabedoria ancestral e a capacidade de se adaptar às circunstâncias com confiança.

Previsão: A presença do aligátor em sua vida indica que você está entrando em um período de resiliência e adaptação. Assim como ele, você possui a força interna necessária para enfrentar os desafios com coragem e persistência. Este é o momento de confiar em seus instintos e honrar sua natureza básica, encontrando soluções criativas para os obstáculos em seu caminho. A energia do aligátor também traz consigo um aviso para agir com paciência e esperar o momento certo antes de tomar decisões importantes.

Questões para Meditar:

- Como posso honrar meus instintos mais profundos e conectar-me com eles?
- Quais são os desafios atuais que requerem minha determinação?
- Como posso agir com paciência e encontrar o momento adequado para tomar decisões importantes?

Palavras-chave: Poder primal, instintos, tenacidade, paciência, sabedoria ancestral, adaptação, confiança, determinação, paciência.

5 · ARANHA

Significado: A aranha é um símbolo de criatividade, paciência e conexão com o tecido da vida. Ela representa a habilidade de tecer e criar nossa própria realidade por meio de nossos pensamentos e ações. A aranha nos ensina sobre a importância de sermos persistentes em nossos empreendimentos, pois assim como ela tece sua teia com paciência, também devemos perseverar em nossos esforços. Além disso, a aranha é um símbolo de conexão espiritual e de confiar em nossa intuição.

Previsão: A presença da aranha em sua jornada indica que é hora de despertar sua criatividade e começar a tecer os fios do seu destino. Assim como ela, você tem a capacidade de manifestar seus sonhos e objetivos por meio de suas ações e pensamentos. Seja paciente e persistente, pois suas criações exigirão tempo e esforço para se materializarem. Confie em sua intuição e esteja aberto a conexões espirituais que possam guiar você em seu caminho.

Questões para Meditar:

- Como posso despertar e expressar minha criatividade de forma autêntica?
- Quais são os projetos ou sonhos que requerem minha persistência?
- Como posso fortalecer minha conexão espiritual e confiar mais em minha intuição?

Palavras-chave: Criatividade, paciência, tecer, persistência, manifestação, conexão, intuição, espiritualidade, autenticidade, fios do destino.

6 · ARARA

Significado: A arara é um símbolo de expressão vibrante, beleza e comunicação. Ela representa a capacidade de expressar nossos sentimentos e pensamentos com alegria e autenticidade. Sua plumagem colorida nos lembra da importância de abraçar a diversidade e a individualidade em nós mesmos e nos outros.

Previsão: A presença da arara em sua vida indica um período de expressão e comunicação enérgicas. Assim como ela, você é incentivado a compartilhar sua verdade com entusiasmo e autenticidade. Sua capacidade de se comunicar claramente e transmitir mensagens significativas será amplificada. Este é o momento de explorar sua criatividade e encontrar maneiras únicas de se expressar. Esteja aberto às mensagens e aos *insights* espirituais que podem ser revelados a você durante esse período.

Questões para Meditar:

- Como posso me expressar com alegria e autenticidade em todas as áreas da minha vida?
- Quais são as mensagens importantes que estou recebendo dos reinos espirituais?
- Como posso abraçar minha individualidade e celebrar a diversidade ao meu redor?

Palavras-chave: Expressão, beleza, comunicação, alegria, autenticidade, sabedoria ancestral, diversidade, *insights*, mensagens espirituais, criatividade.

7 • BALEIA

Significado: A baleia é um símbolo de sabedoria, poder e conexão profunda com o oceano e as emoções mais profundas. Ela representa a grandiosidade e majestade dos oceanos, lembrando-nos da vastidão do mundo interior e do poder de acessar nossa própria sabedoria interna. A baleia também simboliza a comunicação emocional e a compaixão, convidando-nos a honrar nossas próprias emoções e as dos outros.

Previsão: A presença da baleia em sua jornada indica um chamado para se conectar com sua sabedoria interior e explorar suas emoções mais profundas. Assim como a baleia mergulha nas profundezas do oceano, você é convidado a explorar seu mundo interior e buscar respostas e *insights* dentro de si mesmo. Este é um momento de profunda autodescoberta e autoconexão. A baleia também traz uma energia de compaixão e comunicação emocional, incentivando-o a ser gentil consigo mesmo e com os outros.

Questões para Meditar:

- Como posso me conectar com minha sabedoria interna e explorar minhas emoções mais profundas?
- Quais são as mensagens ou insights que minha intuição está me trazendo neste momento?
- Como posso praticar a compaixão em relação a mim mesmo e aos outros em minha vida?

Palavras-chave: Sabedoria, poder, conexão, oceano, emoções, grandiosidade, comunicação, compaixão, autodescoberta, gentileza.

8 • BEIJA•FLOR

Significado: O beija-flor é um símbolo de leveza, alegria e gratidão. Ele representa a capacidade de encontrar beleza nas coisas simples da vida e de saborear cada momento presente. O beija-flor nos ensina sobre a importância de cultivar a gratidão e buscar a felicidade em pequenos gestos e momentos fugazes. Ele também simboliza a delicadeza e a agilidade, lembrando-nos da importância de sermos flexíveis e adaptáveis em nossas jornadas.

Previsão: A presença do beija-flor em sua vida indica um momento de leveza e alegria. Assim como ele flutua graciosamente de flor em flor, você está sendo convidado a saborear cada momento e encontrar a beleza nas coisas simples. Este é um momento de cultivar a gratidão e apreciar as bênçãos ao seu redor. Seja ágil e flexível em suas abordagens, permitindo-se adaptar a novas situações com facilidade. O beija-flor também traz uma energia de amor, renovação e renascimento, indicando um período de crescimento pessoal e transformação.

Questões para Meditar:

- Como posso encontrar alegria e gratidão nas coisas simples da vida?
- Quais são as bênçãos e momentos de felicidade que devo valorizar em minha jornada?
- Como posso ser mais flexível e adaptável em face das mudanças em minha vida?

Palavras-chave: Leveza, alegria, gratidão, beleza, delicadeza, agilidade, flexibilidade, renovação, crescimento, transformação.

9 • BISÃO

Significado: O bisão é um símbolo de poder, abundância e conexão com a terra. Ele representa a força interior e a resiliência diante dos desafios. O bisão nos lembra da importância de honrar a terra e viver em harmonia com a natureza, reconhecendo a interdependência de todos os seres. Ele simboliza a prosperidade e a generosidade da terra, ensinando-nos a valorizar e preservar os recursos naturais para o benefício de todos.

Previsão: A presença do bisão em sua vida indica que você está entrando em um período de estabilidade e prosperidade. Assim como ele, você possui uma força interior que o capacita a superar obstáculos e resistir às adversidades. É momento de confiar na abundância e nas dádivas da vida. Esteja consciente da sua conexão com a terra e busque viver em harmonia com a natureza, honrando e cuidando dos recursos naturais. O bisão também traz uma energia protetora e liderança, incentivando-o a ser um guia e defensor dos outros.

Questões para Meditar:

- Como posso fortalecer minha adaptação diante dos desafios que surgem em minha jornada?
- Como posso honrar a terra e viver em harmonia com a natureza em meu dia a dia?
- De que maneiras posso exercer liderança e proteção, beneficiando tanto a mim quanto aos outros ao meu redor?

Palavras-chave: Poder, abundância, resiliência, conexão com a terra, harmonia, prosperidade, generosidade, liderança, proteção, guia.

10 • BORBOLETA

Significado: A borboleta é um símbolo de transformação, renovação e beleza. Ela representa a jornada da vida e as etapas de crescimento pessoal. A borboleta emerge de seu casulo como uma criatura completamente transformada, lembrando-nos da nossa própria capacidade de superar desafios e nos reinventarmos. Ela também simboliza a liberdade e a busca pela verdadeira essência.

Previsão: A presença da borboleta em sua vida indica que você está passando por um período de transformação e renovação. Assim como ela, você está sendo chamado a deixar para trás o que não mais serve em sua vida e a abraçar um novo capítulo de crescimento. Este é o momento de se libertar de limitações passadas e se permitir explorar a verdadeira essência do seu ser. Esteja aberto a novas experiências e oportunidades que possam impulsionar seu desenvolvimento pessoal.

Questões para Meditar:
- Que aspectos da minha vida estão prontos para serem transformados e renovados?
- Como posso abraçar minha verdadeira essência e expressá-la de maneira autêntica?
- Que passos posso dar para me libertar de limitações e abraçar uma vida de leveza e liberdade?

Palavras-chave: Transformação, renovação, beleza, crescimento pessoal, leveza, liberdade, essência, autenticidade, oportunidades, reinvenção.

11 • CACHORRO

Significado: O cachorro é um símbolo de lealdade, companheirismo e amor incondicional. Ele representa a fidelidade e a conexão profunda entre humanos e animais. O cachorro nos ensina sobre a importância de cultivar relacionamentos sinceros e ser leal aos outros. Ele simboliza o amor incondicional e a capacidade de oferecer apoio e conforto nos momentos de alegria e tristeza.

Previsão: A presença do cachorro em sua vida indica um período de amor, lealdade e companheirismo. Assim como ele é um amigo fiel, você está rodeado de pessoas que se importam profundamente com você. Este é um momento para fortalecer os laços afetivos e valorizar os relacionamentos em sua vida. Esteja aberto a receber e oferecer amor incondicional, encontrando conforto e apoio nos momentos de necessidade. O cachorro também traz uma energia de proteção e confiança, incentivando-o a confiar em sua intuição e proteger aqueles que você ama.

Questões para Meditar:
- Como posso cultivar relacionamentos sinceros e demonstrar lealdade aos outros?
- Quais são as pessoas em minha vida que me oferecem amor incondicional e como posso valorizá-las?
- Como posso proteger e oferecer apoio aos que amo, confiando em minha intuição?

Palavras-chave: Lealdade, companheirismo, amor incondicional, fidelidade, relacionamentos, proteção, confiança, apoio, conforto, intuição.

12 • CAMALEÃO

Significado: O camaleão é um símbolo de adaptação, transformação, camuflagem e criatividade. Ele representa a capacidade de mudar de cor, forma e comportamento de acordo com as circunstâncias e as necessidades. O camaleão nos ensina sobre a importância de se ajustar ao ambiente, de se proteger dos perigos e de se expressar com originalidade. Ele também traz consigo uma energia de visão, harmonia e cooperação.

Previsão: A presença do camaleão em sua vida indica um período de mudança e renovação. Assim como ele se adapta ao seu entorno, você está sendo chamado a se adaptar às novas situações e oportunidades que surgem em seu caminho. O camaleão também sugere que você use a sua criatividade e originalidade para se destacar e se diferenciar dos demais. Ele também traz consigo uma energia de visão, harmonia e cooperação, convidando-o a ampliar a sua percepção, a buscar o equilíbrio e a trabalhar em equipe.

Questões para Meditar:

- Como posso me adaptar às mudanças que ocorrem em minha vida?
- De que maneira posso usar minha criatividade e originalidade para me expressar?
- Como posso ampliar minha visão, buscar o equilíbrio e trabalhar em equipe?

Palavras-chave: Adaptação, transformação, criatividade, camuflagem, visão, harmonia, cooperação, mudança, renovação.

13 · CANGURU

Significado: O canguru é um símbolo de proteção, equilíbrio e força. Ele representa a habilidade de se adaptar a diferentes circunstâncias e superar obstáculos com agilidade. O canguru nos lembra da importância de encontrarmos equilíbrio em nossas vidas, mantendo a harmonia entre nossas responsabilidades e nosso tempo pessoal. Ele simboliza a maternidade, a conexão com a família e a generosidade ao cuidar dos outros.

Previsão: A presença do canguru em sua vida indica um período de proteção e equilíbrio. Assim como ele salta com destreza, você está sendo chamado a enfrentar desafios com agilidade e adaptabilidade. Este é o momento de buscar equilíbrio em sua vida, cuidando tanto de suas responsabilidades quanto de suas necessidades pessoais. A energia do canguru também traz um senso de comunidade e conexão com a família. Esteja aberto para demonstrar generosidade e cuidado com aqueles que são importantes para você.

Questões para Meditar:

- Como posso enfrentar os desafios em minha vida com agilidade e adaptabilidade?
- De que forma posso encontrar equilíbrio entre minhas responsabilidades e meu tempo pessoal?
- Como posso expressar generosidade e cuidado em relação à minha família e comunidade?

Palavras-chave: Proteção, equilíbrio, força, adaptação, tempo pessoal, agilidade, responsabilidades, maternidade, família, generosidade.

14 • CAVALO

Significado: O cavalo é um símbolo de liberdade, poder e nobreza. Ele representa a conexão com a natureza, a força interior e a capacidade de superar desafios. O cavalo nos ensina sobre a importância da confiança e da harmonia entre o corpo e a mente. Ele simboliza a energia vital e a paixão pela vida, lembrando-nos da importância de seguir nossos próprios caminhos com coragem e determinação.

Previsão: A presença do cavalo em sua vida indica um período de liberdade e expansão. Assim como o cavalo galopa em plena velocidade, você está sendo encorajado a abraçar sua própria força e expressar sua verdadeira essência. Este é o momento de seguir seu coração e buscar a realização de seus desejos mais profundos. Confie em sua jornada e encontre equilíbrio entre sua natureza selvagem e seu intelecto. O cavalo também traz uma energia de trabalho em equipe, lembrando-o da importância da colaboração e da comunicação clara em seus relacionamentos.

Questões para Meditar:

- Como posso encontrar mais liberdade e paixão em minha vida?
- Quais são os desafios que estou enfrentando e como posso superá-los com determinação?
- Como posso equilibrar minha natureza selvagem com meu intelecto, seguindo minha intuição e usando minha sabedoria?

Palavras-chave: Liberdade, poder, nobreza, confiança, harmonia, paixão, coragem, determinação, trabalho em equipe, comunicação.

15 • COBRA

Significado: A cobra é um símbolo de transformação e renovação no xamanismo. Sua habilidade de mudar de pele representa a capacidade de deixar para trás o que não serve mais, para renascer em uma versão mais forte e sábia de si mesmo. É também um símbolo da sabedoria ancestral, pois muitas culturas antigas associaram a cobra com a cura e o conhecimento.

Previsão: Quando a cobra aparece, é um sinal de que mudanças estão se aproximando. Prepare-se para uma fase de transformação em sua vida. Pode ser necessário deixar velhos padrões e comportamentos para trás, permitindo que uma nova versão de si mesmo surja. Assim como a cobra troca sua pele, você está pronto para liberar o passado e abraçar um futuro mais autêntico e pleno. Este é o momento para aprofundar seu autoconhecimento e confiar no processo de renovação.

Questões para Meditar:
- Que aspectos da minha vida precisam de transformação?
- O que estou pronto para deixar para trás?
- Como posso abraçar mudanças de forma positiva e consciente?
- O que desejo renascer em minha vida?
- Como posso usar a sabedoria da cobra para curar-me e evoluir?

Palavras-chave: Reflexão, transformação consciente, autodescobrimento, cura, confiança, autenticidade, sabedoria.

16 • COELHO

Significado: O coelho é um símbolo de fertilidade, renovação e sorte. Ele representa a energia da primavera, o renascimento e a promessa de novos começos. O coelho nos ensina sobre a importância de nos adaptarmos às mudanças com agilidade e de encontrarmos alegria nas pequenas coisas. Ele simboliza a intuição, a velocidade e a habilidade de superar obstáculos.

Previsão: A presença do coelho em sua vida indica um período de crescimento e renovação. Assim como ele salta de um lugar para outro com rapidez, você está sendo encorajado a abraçar as oportunidades que surgem e a se adaptar a novas situações. Este é o momento de deixar para trás o passado e avançar com confiança em direção ao futuro. Tenha fé em sua intuição e siga os sinais que o universo lhe envia. O coelho também traz uma energia de sorte, convidando-o a abrir-se para as possibilidades positivas que estão ao seu alcance.

Questões para Meditar:

- Como posso me adaptar melhor às mudanças que surgem em minha vida?
- Quais são as alegrias simples que posso encontrar no meu dia a dia?
- Que passos posso dar para atrair mais sorte e prosperidade para a minha vida?

Palavras-chave: Fertilidade, renovação, sorte, agilidade, intuição, velocidade, adaptação, renascimento, oportunidades, alegria.

17 • CORUJA

Significado: A coruja é um símbolo de sabedoria, mistério e intuição. Ela representa a capacidade de enxergar além do óbvio e de desvendar segredos ocultos. A coruja nos ensina sobre a importância de ouvir nossa voz interior e confiar em nossos instintos. Ela simboliza a conexão com o mundo espiritual e a busca pelo conhecimento profundo.

Previsão: A presença da coruja em sua vida indica um período de despertar espiritual e busca por sabedoria. Assim como ela enxerga no escuro, você está sendo chamado a explorar os mistérios que cercam sua vida e a confiar em sua intuição. Este é o momento de buscar conhecimento e compreensão em áreas que despertam seu interesse. Esteja aberto para receber mensagens e *insights* do mundo espiritual. A coruja também traz uma energia de proteção, lembrando você de confiar em sua própria sabedoria e de proteger seu espaço sagrado.

Questões para Meditar:

- Como posso acessar minha sabedoria interior e confiar em meus instintos?
- Que áreas da minha vida estão envoltas em mistério e como posso desvendá-las?
- Como posso criar um espaço sagrado para minha conexão espiritual e proteção?

Palavras-chave: Sabedoria, mistério, intuição, voz interior, despertar espiritual, conhecimento profundo, proteção, conexão espiritual, compreensão.

18 • CORVO

Significado: O corvo é um símbolo de mistério, transformação e sabedoria ancestral. Ele representa a conexão entre o mundo material e espiritual, além de ser associado ao poder da magia e da intuição. O corvo nos ensina sobre a importância de explorar as partes mais sombrias de nós mesmos, enfrentar os medos e passar por um processo de renovação interior.

Previsão: A presença do corvo em sua vida indica um momento de transformação profunda. Assim como ele, você está sendo chamado a explorar seu lado sombrio e a enfrentar os medos que o têm limitado. Este é o momento de soltar o passado e abraçar a renovação interior. Confie em sua intuição e nas mensagens que o corvo traz, pois elas podem fornecer orientação valiosa em sua jornada. Esteja aberto para novas oportunidades e para o desenvolvimento de habilidades mágicas e intuitivas.

Questões para Meditar:

- Quais aspectos sombrios de mim mesmo devo explorar e transformar?
- Como posso enfrentar meus medos e abraçar a renovação interior?
- De que forma posso fortalecer minha intuição e me conectar mais profundamente com o mundo espiritual?

Palavras-chave: Mistério, transformação, sabedoria ancestral, orientação, oportunidades, magia, intuição, renovação, sombras, medos.

19 • ELEFANTE

Significado: O elefante é um símbolo de sabedoria, memória e maternidade. Ele representa a profunda conexão com a ancestralidade e a capacidade de lembrar e honrar os ensinamentos do passado. É conhecido por sua inteligência e compreensão intuitiva, sendo um guia poderoso para aqueles que buscam sabedoria e discernimento. Além disso, a maternidade é um aspecto essencial do elefante, representando a força protetora e o amor incondicional que uma mãe tem por seus filhos.

Previsão: A presença do elefante em sua vida indica um período de sabedoria e memória. Assim como ele honra suas raízes e os ensinamentos ancestrais, você está sendo chamado a se conectar com sua própria sabedoria interior e a acessar a riqueza de conhecimentos adquiridos ao longo de sua jornada. Além disso, o elefante traz consigo uma energia materna, lembrando-o da importância de nutrir e proteger aqueles que você ama. Esteja aberto para as oportunidades de crescimento e aprendizado que surgem através da conexão com sua sabedoria ancestral.

Questões para Meditar:

- Como posso acessar minha sabedoria interior e aplicá-la em minha vida diária?
- De que forma posso honrar os ensinamentos de meus ancestrais e me lembrar deles?
- Como posso cultivar a maternidade em minha vida, nutrindo e protegendo aqueles que amo?
- Que medidas posso tomar para fortalecer minha conexão com minha intuição e compreensão intuitiva?

Palavras-chave: Sabedoria, conhecimento, intuição, ancestralidade, proteção, conexão, maternidade, amor incondicional, memória.

20 • ESTRELA•DO•MAR

Significado: A estrela-do-mar é um símbolo de regeneração, renovação e poder de cura. Ela representa a capacidade de se regenerar após experiências desafiadoras, de encontrar força nas adversidades e de curar tanto a si mesma quanto aos outros. A estrela-do-mar nos ensina sobre a importância de deixar ir o passado, de nutrir a esperança e de confiar no processo de regeneração.

Previsão: A presença da estrela-do-mar em sua vida indica um período de regeneração e renovação. Assim como ela é capaz de se regenerar após perder um membro, você está sendo chamado a se recuperar e se renovar após experiências difíceis. Este é o momento de deixar ir o passado, de nutrir a esperança e de acreditar em seu poder de cura. A estrela-do-mar também traz consigo uma energia de cura, convidando-o a estender esse poder não apenas a si mesmo, mas também aos outros ao seu redor. Esteja aberto para a jornada de regeneração que se desdobra diante de você.

Questões para Meditar:

- Como posso me regenerar e me renovar após experiências desafiadoras?
- De que forma posso deixar ir o passado e nutrir a esperança em minha vida?
- Como posso utilizar meu poder de cura para ajudar a mim mesmo e aos outros?
- Que medidas posso tomar para confiar no processo de regeneração e permitir que ele aconteça?

Palavras-chave: Regeneração, renovação, poder de cura, deixar ir, esperança, confiança, superação, cura, renascimento.

21 • GARÇA

Significado: A garça é um símbolo de pureza, elegância e conexão com o divino. Ela representa a busca pela iluminação espiritual e a capacidade de encontrar clareza nas situações mais complexas. A garça nos ensina sobre a importância de nos elevarmos acima dos desafios e das turbulências da vida, mantendo a serenidade interior e a perspectiva ampla.

Previsão: A presença da garça em sua vida indica um período de crescimento espiritual e elevação de consciência. Assim como ela voa alto acima das águas turbulentas, você está sendo convidado a elevar-se acima dos desafios e a encontrar a paz interior. Este é o momento de buscar a clareza mental, a intuição aguçada e a conexão com o divino. Esteja atento aos sinais e às mensagens que lhe são enviados, pois eles podem oferecer *insights* profundos e orientação para o seu caminho.

Questões para Meditar:
- Como posso encontrar mais paz e serenidade interior, mesmo em meio aos desafios da vida?
- Que práticas espirituais ou meditativas posso incorporar para elevar minha consciência?
- Como posso cultivar uma perspectiva mais ampla e enxergar além das aparências superficiais?

Palavras-chave: Pureza, elegância, iluminação espiritual, clareza, serenidade, elevação de consciência, intuição, conexão divina, paz interior, perspectiva ampla.

22 • GATO

Significado: O gato é um símbolo de mistério, independência e conexão com o mundo espiritual. Ele representa a sabedoria silenciosa, a intuição afiada e a capacidade de se adaptar a diferentes circunstâncias. O gato nos ensina sobre a importância de honrar nosso espaço pessoal, de seguir nosso próprio ritmo e de confiar em nossa intuição para encontrar soluções.

Previsão: A presença do gato em sua vida indica um período de autoconfiança e intuição aguçada. Assim como ele, você está sendo encorajado a confiar em suas próprias habilidades e a explorar as dimensões mais sutis da vida. Este é o momento de se reconectar com seu espaço pessoal e de honrar sua independência. Esteja atento aos sinais e às mensagens que lhe são enviadas pelo mundo espiritual. O gato também traz uma energia de mistério e curiosidade, incentivando você a explorar novas perspectivas e a abraçar seu lado brincalhão.

Questões para Meditar:

- Como posso honrar meu espaço pessoal e estabelecer limites saudáveis?
- Como posso confiar em minha intuição e seguir meu próprio ritmo na vida?
- Que aspectos misteriosos da vida estou interessado em explorar e aprender?

Palavras-chave: Mistério, independência, intuição, sabedoria silenciosa, adaptação, espaço pessoal, curiosidade, autoconfiança, ritmo, conexão espiritual.

23 • GOLFINHO

Significado: O golfinho é um símbolo de alegria, inteligência e conexão emocional. Ele representa a harmonia entre o mundo humano e o mundo marinho, simbolizando a amizade, a compaixão e a cura. O golfinho nos ensina sobre a importância de nos conectarmos com nossas emoções, de vivermos o presente com alegria e de cultivarmos relacionamentos saudáveis.

Previsão: A presença do golfinho em sua vida indica um período de expansão emocional e conexão com a alegria interior. Assim como ele brinca nas ondas, você está sendo chamado a se conectar com suas emoções mais profundas e a encontrar alegria em todas as áreas da sua vida. Este é o momento de cultivar relacionamentos baseados na compaixão, na amizade e na harmonia. Esteja aberto para expressar suas emoções de maneira autêntica e para se conectar com a cura que a água e a natureza proporcionam.

Questões para Meditar:

- Como posso me conectar mais profundamente com minhas emoções e vivenciar alegria no presente?
- Quais relacionamentos em minha vida podem ser fortalecidos através da compaixão e da harmonia?
- De que maneira posso encontrar a cura e a tranquilidade na natureza ao meu redor?

Palavras-chave: Alegria, inteligência, conexão emocional, harmonia, amizade, compaixão, cura, expressão emocional, relacionamentos saudáveis, conexão com a natureza.

24 • GUEPARDO

Significado: O guepardo é um símbolo de velocidade, agilidade e confiança. Ele representa a busca pela excelência, a capacidade de agir rapidamente e a determinação para alcançar seus objetivos. O guepardo nos ensina sobre a importância de confiar em nossa própria velocidade e habilidades, e de perseguir nossos sonhos com coragem e determinação.

Previsão: A presença do guepardo em sua vida indica um período de grande impulso e progresso. Assim como ele corre velozmente em busca de sua presa, você está sendo chamado a agir com determinação e foco em direção aos seus objetivos. Este é o momento de confiar em suas habilidades naturais e de aproveitar as oportunidades que surgem em seu caminho. Mantenha-se ágil e esteja aberto para adaptar-se às mudanças com rapidez. O guepardo também traz uma energia de confiança, encorajando você a acreditar em si mesmo e a perseguir seus sonhos com coragem.

Questões para Meditar:

- Quais são meus principais objetivos e como posso agir com determinação para alcançá-los?
- Como posso aproveitar minha velocidade e agilidade natural para lidar com os desafios que surgem?
- Que passos posso dar para fortalecer minha confiança e acreditar em meu próprio potencial?

Palavras-chave: Velocidade, agilidade, confiança, excelência, determinação, impulso, progresso, foco, coragem, oportunidades.

25 • HIPOPÓTAMO

Significado: O hipopótamo é um símbolo multifacetado, representando diversos aspectos da vida e do ser. Ele é associado à força, coragem, resiliência, proteção, fertilidade, harmonia e ao equilíbrio. O hipopótamo nos ensina sobre a importância de encontrar um equilíbrio entre a ferocidade e a serenidade, de enfrentar os desafios com coragem e determinação, de proteger e nutrir aqueles que amamos e de buscar a harmonia em todas as áreas da vida.

Previsão: A presença do hipopótamo em sua vida indica um período de fortaleza e estabilidade. Assim como ele, você possui uma força interior poderosa que o capacita a superar obstáculos com coragem e resiliência. Este é o momento de estabelecer limites claros em sua vida, de proteger seu espaço e aqueles que são importantes para você. Além disso, o hipopótamo também traz uma energia de fertilidade e harmonia, convidando você a nutrir relacionamentos e buscar um equilíbrio saudável em todas as áreas de sua vida.

Questões para Meditar:

- Como posso encontrar equilíbrio entre a ferocidade e a serenidade em minha vida?
- De que maneira posso enfrentar os desafios com coragem e determinação?
- Como posso proteger e nutrir aqueles que amo, estabelecendo limites saudáveis?
- Onde preciso de mais harmonia e equilíbrio em minha vida?

Palavras-chave: Força, coragem, proteção, fertilidade, harmonia, equilíbrio, limites, nutrição, relacionamentos, obstáculos, serenidade.

26 • LEÃO

Significado: O leão é um símbolo de coragem, liderança e poder. Ele representa a força interior, a nobreza de espírito e a presença imponente. O leão nos ensina sobre a importância de assumir nosso papel como líderes em nossas vidas, de enfrentar os desafios com coragem e de honrar nossa própria autenticidade.

Previsão: A presença do leão em sua vida indica um período de empoderamento e liderança. Assim como ele reina sobre a selva, você está sendo chamado a assumir seu poder pessoal e a liderar sua própria vida com confiança. Este é o momento de enfrentar os desafios de cabeça erguida e de agir com coragem diante das situações que surgem. Esteja disposto a defender suas convicções e a expressar sua autenticidade sem medo. O leão também traz uma energia de orgulho e nobreza, lembrando você de valorizar sua própria dignidade e de agir com integridade.

Questões para Meditar:

- Como posso assumir meu poder pessoal e liderar minha própria vida?
- Quais desafios estou enfrentando atualmente e como posso abordá-los com coragem?
- De que maneira posso honrar minha autenticidade e agir com integridade em todas as áreas da minha vida?

Palavras-chave: Coragem, liderança, poder, força interior, nobreza, empoderamento, confiança, autenticidade, orgulho, integridade.

27 • LHAMA

Significado: A lhama é um símbolo de felicidade e fortuna. Ela representa a busca pela alegria e prosperidade em todas as áreas da vida. A lhama nos ensina sobre a importância de buscar a felicidade interior e de abrir-se para a abundância que o universo tem a oferecer. Ela é um lembrete de que a verdadeira fortuna reside na gratidão, na generosidade e no compartilhamento.

Previsão: A presença da lhama em sua vida indica um período de busca pela felicidade e fortuna. Assim como ela caminha com leveza e alegria, você está sendo chamado a encontrar alegria em sua jornada e a abrir-se para as bênçãos que a vida oferece. Este é o momento de cultivar a gratidão por tudo o que você tem e de compartilhar generosamente com os outros. A lhama também traz consigo uma energia de prosperidade, convidando você a receber e desfrutar das abundantes dádivas do universo. Esteja aberto para oportunidades de crescimento e seja grato pelas bênçãos que surgem em seu caminho.

Questões para Meditar:

- O que me traz verdadeira felicidade e como posso cultivar essa alegria em minha vida?
- De que maneira posso abrir-me para a prosperidade e as bênçãos que o universo tem a oferecer?
- Como posso expressar gratidão diariamente e compartilhar generosamente com os outros?
- Quais oportunidades de crescimento estão surgindo em minha vida e como posso aproveitá-las para fortalecer minha felicidade e fortuna?

Palavras-chave: Felicidade, fortuna, alegria, prosperidade, gratidão, generosidade, compartilhamento, bênçãos, oportunidades.

28 • LIBÉLULA

Significado: A libélula é um símbolo de poder, renascimento e iluminação. Ela representa a capacidade de superar desafios, de se libertar de amarras emocionais e de encontrar clareza mental. A libélula nos ensina sobre a importância de viver plenamente o momento presente, de buscar a verdade interior e de voar com confiança em direção aos nossos objetivos.

Previsão: A presença da libélula em sua vida traz uma mensagem de fortaleza e renovação. Assim como ela passa por uma metamorfose, você está sendo chamado a se libertar de antigas limitações e a abrir espaço para um novo começo. Este é o momento de abraçar sua força interior, de soltar o passado e de se permitir brilhar em sua plenitude. A libélula também traz consigo uma energia de inspiração e clareza mental, convidando você a buscar sua verdade interior e a confiar em seu potencial.

Questões para Meditar:

- Quais desafios estou enfrentando atualmente e como posso superá-los com minha força interior?
- Como posso me libertar de amarras emocionais passadas e permitir que meu verdadeiro eu brilhe?
- De que maneira posso buscar clareza mental e encontrar inspiração para seguir em direção aos meus objetivos?

Palavras-chave: Poder, renascimento, iluminação, superação, libertação, momento presente, clareza, fortaleza, inspiração, potencial.

29 • LOBO

Significado: O lobo é um símbolo de diversos significados poderosos. Ele representa a coragem e a determinação para enfrentar desafios, a inteligência e a astúcia para encontrar soluções, bem como a lealdade e o trabalho em equipe. O lobo nos ensina sobre a importância da liberdade individual, mas também da conexão com os outros e da valorização da comunidade.

Previsão: A presença do lobo em sua vida traz uma mensagem de empoderamento e autoconfiança. Assim como ele, você possui uma força interior que o impulsiona a superar obstáculos. Este é o momento de confiar em sua sabedoria interior e seguir sua intuição. Você tem a capacidade de liderar sua própria vida e alcançar seus objetivos com coragem e determinação. Lembre-se também da importância de construir relacionamentos sólidos e de colaborar com aqueles ao seu redor para alcançar resultados ainda mais significativos.

Questões para Meditar:

- Como posso encontrar coragem e determinação para superar os desafios que surgem em minha vida?
- Quais são meus objetivos e como posso utilizar minha inteligência e astúcia para alcançá-los?
- De que maneira posso equilibrar minha liberdade individual com a importância da conexão com os outros e do trabalho em equipe?

Palavras-chave: Coragem, determinação, inteligência, astúcia, lealdade, trabalho em equipe, empoderamento, autoconfiança, liderança, liberdade, conexão com os outros.

30 · LONTRA

Significado: A lontra é um símbolo de alegria, brincadeira, curiosidade e conexão com o fluxo da vida. Ela nos ensina sobre a importância de seguir nossa intuição, de aproveitar o momento presente, explorar novos caminhos, abraçar o lado lúdico da vida e se divertir.

Previsão: A presença da lontra em sua vida indica um período de alegria e leveza. Assim como ela brinca e se diverte na água, você está sendo chamado a aproveitar o momento presente e a encontrar prazer nas experiências simples da vida. Este é o momento de seguir sua curiosidade, de explorar novos caminhos e de se conectar com a energia lúdica e criativa que existe dentro de você. A lontra também traz consigo uma energia de fluidez e adaptabilidade, convidando-o a abraçar o fluxo da vida e a confiar em sua intuição.

Questões para Meditar:

- Como posso encontrar mais alegria e diversão no meu dia a dia?
- De que maneira posso seguir minha curiosidade e explorar novas experiências?
- Como posso abraçar o fluxo da vida e confiar em minha intuição?
- Onde posso encontrar prazer nas pequenas coisas e na simplicidade da vida?

Palavras-chave: Alegria, brincadeira, curiosidade, conexão, momento presente, diversão, intuição, fluidez, adaptabilidade, prazer.

31 • MORCEGO

Significado: O morcego é um símbolo de sabedoria oculta, percepção extrassensorial e mistério. Ele nos ensina sobre a importância de explorar as profundezas do nosso ser, de confiar em nossa intuição e de despertar para a verdade interior.

Previsão: A presença do morcego em sua vida indica um período de despertar espiritual e desenvolvimento de habilidades psíquicas. Assim como o morcego voa na escuridão da noite, você está sendo chamado a explorar os aspectos mais profundos do seu ser e a confiar nas suas percepções sutis. Este é o momento de abrir-se para a orientação espiritual, de aprofundar-se em práticas de meditação e de desenvolver sua intuição. Esteja aberto para receber mensagens do mundo espiritual e confie em seu instinto para guiar seus passos.

Questões para Meditar:

- Como posso cultivar uma conexão mais profunda com o mundo espiritual em meu dia a dia?
- Quais práticas espirituais ou meditativas posso incorporar para desenvolver minha intuição e percepção extrassensorial?
- De que maneira posso confiar mais em meu instinto e nas mensagens sutis que recebo?

Palavras-chave: Sabedoria oculta, percepção extrassensorial, despertar espiritual, intuição, mistério, conexão com o mundo espiritual, orientação, meditação, desenvolvimento psíquico, confiança.

32 · PAVÃO

Significado: O pavão é um símbolo de beleza, nobreza, sabedoria e renovação espiritual. Suas magníficas penas representam a exuberância e a expressão criativa. O pavão nos ensina sobre a importância de nos expressarmos autenticamente, de reconhecermos nossa própria beleza interior e de nos permitirmos brilhar com confiança. Ele também simboliza a renovação espiritual, lembrando-nos de que somos capazes de transcender nossas limitações e de nos transformarmos em seres mais elevados.

Previsão: A presença do pavão em sua vida traz uma mensagem de autenticidade e renovação. Assim como ele exibe suas penas com orgulho, você está sendo chamado a se expressar plenamente e a compartilhar sua beleza interior com o mundo. Este é o momento de reconhecer seus talentos e dons únicos, de abraçar sua criatividade e de permitir que sua luz interior brilhe. O pavão também traz consigo uma energia de renovação espiritual, convidando você a buscar a transformação interior e a elevar sua consciência para níveis mais elevados.

Questões para Meditar:

- Como posso expressar minha autenticidade e compartilhar minha beleza interior?
- Quais são meus talentos e dons únicos que desejo trazer ao mundo?
- De que maneira posso buscar a renovação espiritual e elevar minha consciência?

Palavras-chave: Beleza, nobreza, sabedoria, renovação espiritual, autenticidade, expressão criativa, confiança, talentos, transformação, elevação, brilho.

33 • PEIXE

Significado: O peixe é um símbolo de fluidez, intuição e renovação. Ele representa a capacidade de se adaptar às mudanças da vida, fluindo com as correntes e navegando pelas águas incertas. O peixe nos ensina sobre a importância de confiar em nossa intuição e seguir os fluxos naturais da vida. Ele é um símbolo de renovação, lembrando-nos de que podemos deixar para trás o passado e mergulhar em novas possibilidades.

Previsão: A presença do peixe em sua vida indica um período de fluidez e intuição. Assim como ele se move com facilidade nas águas, você está sendo chamado a se adaptar às mudanças que estão ocorrendo em sua vida. Confie em sua intuição e permita-se fluir com os fluxos naturais, pois eles o levarão para novas oportunidades e experiências transformadoras. Esteja aberto para as sincronicidades e para os *insights* que chegam até você, pois eles são guias poderosos em seu caminho. O peixe também traz consigo uma energia de renovação, encorajando-o a deixar para trás o que não mais lhe serve e abraçar novos começos.

Questões para Meditar:

- Como posso me adaptar melhor às mudanças que estão ocorrendo em minha vida?
- Em que áreas da minha vida posso confiar mais na minha intuição?
- O que posso deixar para trás para abrir espaço para novas possibilidades?
- Como posso abraçar a fluidez e o fluxo natural da vida?

Palavras-chave: Fluidez, intuição, renovação, adaptação, confiança, fluxo, transformação, liberdade.

34 • PINGUIM

Significado: O pinguim é um símbolo de paciência, determinação, harmonia e comunidade. Ele representa a importância de perseverar diante dos desafios, de encontrar equilíbrio em nossas vidas e de valorizar a conexão com os outros. O pinguim nos ensina sobre a importância de cuidar uns dos outros, de trabalhar em equipe e de encontrar conforto na harmonia da comunidade.

Previsão: A presença do pinguim em sua vida indica um período de paciência e determinação. Assim como ele enfrenta as adversidades do frio e da escassez de recursos, você está sendo chamado a perseverar diante dos desafios que surgem em seu caminho. Este é o momento de buscar equilíbrio em sua vida, de valorizar a conexão com os outros e de reconhecer a importância do apoio mútuo. O pinguim também traz consigo uma energia de harmonia e comunidade, convidando você a colaborar com os outros e a encontrar conforto nas relações interdependentes.

Questões para Meditar:

- Como posso cultivar mais paciência e determinação diante dos desafios?
- De que maneira posso buscar equilíbrio em minha vida e encontrar harmonia interior?
- Como posso contribuir para a comunidade ao meu redor e valorizar as conexões com os outros?
- Onde posso encontrar apoio mútuo e conforto nas relações interdependentes?

Palavras-chave: Paciência, determinação, harmonia, comunidade, perseverança, equilíbrio, conexão, apoio mútuo, colaboração, conforto.

SIGNIFICADOS DOS ANIMAIS SAGRADOS

35 • PREGUIÇA

Significado: A preguiça é um símbolo de relaxamento, tranquilidade, introspecção e conexão com o ritmo natural da vida. Ela representa a importância de desacelerar, de encontrar momentos de descanso e de reconectar-se consigo mesmo. A preguiça nos ensina sobre a necessidade de equilibrar a atividade e o repouso, de abraçar a calma interior e de mergulhar na sabedoria que surge da introspecção.

Previsão: A presença da preguiça em sua vida indica um período de pausa e reflexão. Assim como ela encontra conforto e tranquilidade em seu ritmo lento, você está sendo chamado a desacelerar e a permitir-se momentos de descanso e recuperação. Este é o momento de conectar-se com sua calma interior, de explorar a introspecção e de buscar respostas dentro de si mesmo. A preguiça também traz consigo uma energia de sabedoria silenciosa, convidando você a ouvir atentamente a voz de sua intuição.

Questões para Meditar:

- Como posso encontrar momentos de relaxamento e descanso em minha vida agitada?
- De que maneira posso abraçar a calma interior e a tranquilidade em meio aos desafios do dia a dia?
- Como posso me conectar com a sabedoria que surge da introspecção e do silêncio?
- Onde posso encontrar respostas e orientação dentro de mim mesmo?

Palavras-chave: Relaxamento, tranquilidade, introspecção, conexão, ritmo natural, descanso, calma interior, sabedoria silenciosa, pausa, reflexão.

36 • RAPOSA

Significado: A raposa é um símbolo de astúcia, adaptabilidade, inteligência, intuição e sagacidade. Ela representa a habilidade de lidar com situações desafiadoras com esperteza e perspicácia. A raposa nos ensina sobre a importância de usar nossa astúcia para encontrar soluções criativas, confiar em nossa intuição para tomar decisões sábias e nos adaptar às circunstâncias com agilidade e destreza.

Previsão: A presença da raposa em sua vida indica um período em que sua astúcia será fundamental. Assim como a raposa, você está sendo chamado a agir com esperteza e sagacidade diante dos desafios que surgem em seu caminho. Este é o momento de confiar em sua inteligência e intuição afiada, de encontrar soluções criativas para os problemas e de se adaptar às mudanças com agilidade. A raposa também traz consigo uma energia de oportunidades escondidas, convidando você a explorar novos territórios e a desvendar segredos ocultos.

Questões para Meditar:

- Como posso usar minha astúcia e perspicácia para lidar com os desafios em minha vida?
- De que maneira posso confiar em minha intuição para tomar decisões sábias e acertadas?
- Como posso me adaptar às mudanças com agilidade e destreza?
- Onde posso explorar e descobrir oportunidades escondidas em minha jornada?

Palavras-chave: Astúcia, adaptabilidade, inteligência, intuição, sagacidade, soluções criativas, agilidade, destreza, oportunidades, segredos.

37 • SAPO

Significado: O sapo é um símbolo de cura, purificação, renovação e resiliência. Ele representa a capacidade de superar desafios, limpar energias negativas e encontrar uma nova perspectiva. O sapo nos ensina sobre a importância de enfrentar nossos medos e transformar situações difíceis em oportunidades de crescimento. Ele é um lembrete de que podemos renascer das adversidades e emergir mais fortes e determinados.

Previsão: A presença do sapo em sua vida indica um período de cura e renovação. Assim como ele tem a habilidade de se adaptar a diferentes ambientes, você está sendo chamado a enfrentar seus desafios de maneira corajosa e resiliente. Este é o momento de liberar energias negativas, tanto dentro de si mesmo como ao seu redor, e permitir-se uma purificação profunda. Esteja aberto para novas perspectivas e confie em sua capacidade de renascer das adversidades.

Questões para Meditar:

- Quais desafios estou enfrentando atualmente e como posso abordá-los com coragem e resiliência?
- Como posso liberar energias negativas em minha vida, tanto internamente como em meu ambiente?
- O que posso aprender com as dificuldades que estou enfrentando e como posso transformá-las em oportunidades de crescimento?
- De que maneira posso fortalecer minha capacidade de renascer e emergir mais forte diante das adversidades?

Palavras-chave: Cura, purificação, renovação, resiliência, superação, transformação, coragem, adaptabilidade, crescimento.

38 · TARTARUGA

Significado: A tartaruga é um símbolo de sabedoria, longevidade e estabilidade. Ela representa a paciência e a capacidade de encontrar segurança dentro de si mesmo. A tartaruga nos ensina sobre a importância de agir com calma, de encontrar equilíbrio em nossas vidas e de honrar nossa jornada individual.

Previsão: A presença da tartaruga em sua vida indica um período de estabilidade e crescimento gradual. Assim como ela se move com paciência e determinação, você está sendo chamado a agir com calma diante dos desafios que surgem. Este é o momento de cultivar a estabilidade em sua vida, seja emocional, financeira ou espiritual. Esteja disposto a abraçar o ritmo natural das coisas e a confiar no processo de crescimento lento, mas constante. A tartaruga também traz uma energia de sabedoria ancestral, convidando você a se conectar com a sua própria sabedoria interna e a honrar sua jornada individual.

Questões para Meditar:

- Como posso encontrar mais estabilidade e equilíbrio em minha vida diária?
- Quais áreas da minha vida requerem paciência e crescimento gradual?
- Que sabedoria interna posso acessar para tomar decisões mais sábias e conscientes?

Palavras-chave: Sabedoria, longevidade, estabilidade, paciência, segurança, crescimento gradual, equilíbrio, ritmo natural, conexão com a terra, sabedoria ancestral.

39 • TUBARÃO

Significado: O tubarão é um símbolo de força, poder, proteção e instinto. Ele representa a determinação inabalável, a adaptabilidade. O tubarão nos ensina sobre a importância de confiar em nossos instintos, de enfrentar desafios com coragem e de proteger o que é importante para nós.

Previsão: A presença do tubarão em sua vida indica um período de força e poder. Assim como ele nada com confiança nas profundezas do oceano, você está sendo chamado a acessar sua própria força interior e a enfrentar os desafios de frente. Este é o momento de confiar em seus instintos e em sua intuição, permitindo que eles o guiem em suas decisões e ações. O tubarão também traz consigo uma energia de proteção, convidando-o a proteger suas fronteiras e a defender o que é importante para você. Esteja aberto para a sabedoria ancestral que está disponível a você, permitindo que ela o guie em sua jornada.

Questões para Meditar:

- Como posso acessar minha força interior e enfrentar desafios com coragem?
- De que forma posso confiar mais em meus instintos e intuição em minhas decisões?
- Como posso proteger minhas fronteiras e defender o que é importante para mim?
- Que sabedoria ancestral posso buscar para guiar minha jornada?

Palavras-chave: Força, poder, proteção, coragem, instinto, determinação, adaptabilidade, intuição, fronteiras, sabedoria ancestral.

40 • URSO

Significado: O urso é um símbolo de força, coragem, intros-pecção, renovação e hibernação. Ele representa a habilidade de enfrentar os desafios com coragem e determinação, de encontrar respostas dentro de nós mesmos e de passar por um processo de renascimento e transformação. O urso também nos ensina sobre a importância da hibernação, um período de recolhimento e descanso, que nos permite recarregar nossas energias e renovar nossa vitalidade.

Previsão: A presença do urso em sua vida indica um período de força e coragem, assim como a necessidade de recolhimento e introspecção. Você está sendo chamado a enfrentar os desafios com determinação e bravura. No entanto, este é também um momento de buscar momentos de introspecção, de se recolher em seu próprio espaço sagrado e de encontrar respostas dentro de si mesmo. Você está sendo convidado a permitir-se um período de descanso e renovação. A hibernação traz consigo uma energia de renascimento, despertando uma nova vitalidade e prontidão para enfrentar o mundo com uma perspectiva renovada.

Questões para Meditar:

- Como posso acessar minha força interior para enfrentar os desafios em minha vida?
- Como posso equilibrar minha ação com períodos de recolhimento e descanso, como a hibernação?
- Onde posso encontrar um espaço sagrado para me recolher e renovar minhas energias?

Palavras-chave: Força, coragem, introspecção, renovação, hibernação, determinação, transformação, recolhimento, descanso, renascimento.